쓱쓱 싹싹

예쁘게 색칠도 하고 사라진 그림도 찾아 그려주세요

KB202791

사랑하는 _____ 에게 _____ 가 드립니다

하늘
기획

2

베드로와 안드레는 물고기를 잡는 어부예요.
물고기를 시장에 팔아서 가족이 살아가고 있었지요.

물고기를 잡는 베드로에게 예수님이 다가오셔서 말씀하셨어요.
"나를 따라오너라. 너를 사람을 낚는 어부가 되게 하겠다."

베드로는 배와 그물을 버리고 예수님을 따라 갔어요.

베드로는 예수님과 3년 동안 함께 다니면서 많은 기적과 치유를 보았어요.

베드로는 예수님께 고백했어요.
"예수님은 그리스도시요 살아 계신 하나님의 아들이십니다."

예수님은 베드로를 칭찬하셨어요.
그리고 베드로의 고백위에
교회를 세우겠다고 말씀하셨어요.

예수님은 제자들에게
십자가에 못 박히실 것을
말씀하셨어요.

예수님은 제자들에게 말했어요. "오늘밤 너희가 나를 버릴 것이다."
베드로는 "저는 절대 예수님을 버리지 않겠어요." 라고 말했어요.

예수님은 베드로에게 닭이 울기전에 네가 세 번 나를 모른다고 말할 것이라고 말했어요.

예수님이 붙잡혀 가셨어요. 베드로는 닭이 울기 전에
세 번이나 예수님을 모른다고 했어요.

22

예수님이 십자가에 못 박히셨어요.
베드로는 무서워서 멀리서
울면서 지켜봤어요.

예수님의 무덤에 갔던 여자들이 부활하신 예수님을 만났어요.
베드로는 예수님의 무덤으로 황급히 뛰어 갔어요

26

예수님의 시체를 찾지 못한 베드로는 실망하고
다시 물고기 잡는 어부가 되기 위해 집으로 돌아갔어요.

물고기를 한참 잡고 있던 베드로에게 어떤 사람이 찾아왔어요.
베드로는 그분이 예수님이라는 것을 알게 되었어요.

베드로는 예수님의 부활을 확실히 믿을 수 있었어요.
그리고 흩어졌던 제자들과 다시 모여 열심히 기도 했어요.

불가사리는 모두 몇 개일까요?   ....개